GRANDES PERSONAJES EN LA HISTORIA
DE LOS ESTADOS UNIDOS™

JOHN SUTTER

PIONERO DE CALIFORNIA

CHRIS HAYHURST

TRADUCCIÓN AL ESPAÑOL:
EIDA DE LA VEGA

The Rosen Publishing Group, Inc.
Editorial Buenas Letras™
New York

Published in 2004 by The Rosen Publishing Group, Inc.
29 East 21st Street, New York, NY 10010

First Spanish Edition 2004
First English Edition 2004

Library of Congress Cataloging-in-Publication Data

Hayhurst, Chris.
[John Sutter. Spanish]
John Sutter: Pionero de California / Christopher Hayhurst.
    p. cm. – (Grandes personajes en la historia de los Estados Unidos)
Summary: Surveys the life of Swiss/German immigrant John Sutter, on whose land gold was discovered in the mid-nineteenth century, spurring the California gold rush and westward expansion.
Includes bibliographical references and index.
ISBN 0-8239-4138-8 (lib. bdg.)
ISBN 0-8239-4232-5 (pbk. bdg.)
6-pack ISBN 0-8239-7596-7
1. Sutter, John Augustus, 1803–1880—Juvenile literature. 2. Pioneers—California—Biography—Juvenile literature. 3. Swiss Americans—California—Biography—Juvenile literature. 4. California—Gold discoveries—Juvenile literature. 5. California—History—1846–1850—Juvenile literature. 6. Sutter's Fort (Sacramento, Calif.)—Juvenile literature. [1. Sutter, John Augustus, 1803–1880. 2. Pioneers. 3. California—History—To 1846. 4. California—History—1846–1850. 5. Spanish language materials.]
I. Title. II. Series: Primary sources of famous people in American history. Spanish.
F865.S93H39518 2003
979.4'04'092—dc21
[B]
                                                                    2003006015

Manufactured in the United States of America

Photo credits: cover © California Department of Parks and Recreation; p. 4 courtesy of Map Division, The New York Public Library, Astor, Lenox and Tilden Foundations; p. 5 © Hulton-Deutsch Collection/Corbis; p. 6 © Christel Gerstenberg/Corbis; pp. 7, 25, 27 Culver Pictures; pp. 8, 21, 23 © Hulton/Archive/Getty Images; p. 9 © Gianni Dagli Orti/Corbis; p. 11 The Phelps Stokes Collection, Miriam and Ira D. Wallach Division of Art, Prints and Photographs, The New York Public Library, Astor, Lenox and Tilden Foundations; p. 12 Chris Logan; p. 13 courtesy of the Rare Books and Manuscripts Collection, The New York Public Library, Astor, Lenox, and Tilden Foundations; p. 15 Library of Congress, Geography and Map Division; p. 17 Library of Congress, Prints & Photographs Division, HABS, CAL, 34-SAC, 57-17; p. 19 Library of Congress, Prints & Photographs Division; pp. 20, 24 © Bettmann/Corbis; pp. 28 Maura B. McConnell; p. 29 © Lowell Georgia/Corbis.

Designer: Thomas Forget; Photo Researchers: Rebecca Anguin-Cohen and Peter Tomlinson

CONTENIDO

CAPÍTULO 1   El mundo recibe a un aventurero   4

CAPÍTULO 2   América   10

CAPÍTULO 3   Un sueño se hace realidad   16

CAPÍTULO 4   ¡Oro!   22

Cronología   30

Glosario   31

Sitios Web   31

Lista de fuentes primarias
de imágenes   31

Índice   32

1 EL MUNDO RECIBE A UN AVENTURERO

John Sutter nació el 15 de febrero de 1803, en un pueblo alemán llamado Baden. Casi toda la familia de John era de Suiza.

En 1818, los padres de John lo enviaron a estudiar a Suiza. Cuando terminó, se mudó a la ciudad suiza de Basel. Un día, conoció a una mujer llamada Anna Dübeld y se enamoró.

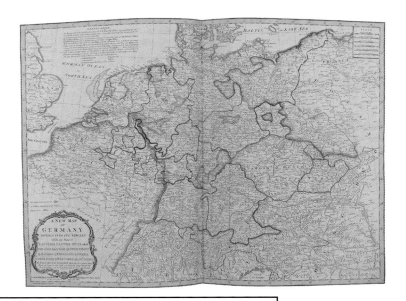

Este mapa de Europa muestra Alemania y Suiza. Como Sutter, muchos europeos, viajaron a América en busca de una vida mejor.

Una vista de Basel, Suiza, junto al río Rin.
Tras las guerras napoleónicas, Suiza parecía
un lugar próspero y pacífico.

John y Anna se casaron en 1826. Casi enseguida empezaron a tener hijos.

Para ganar dinero, John trabajó como impresor. Desafortunadamente, no le fue bien. Pronto se llenó de deudas.

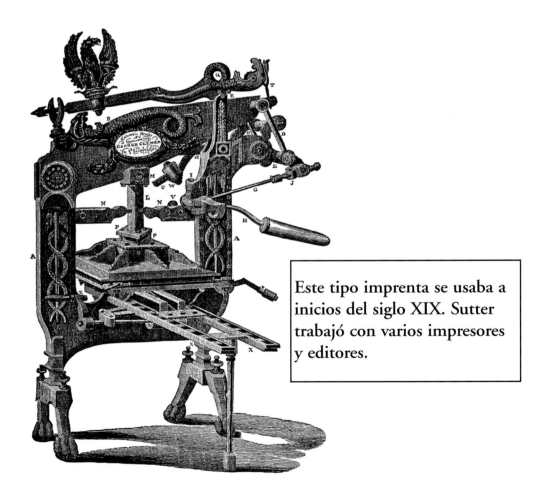

Este tipo imprenta se usaba a inicios del siglo XIX. Sutter trabajó con varios impresores y editores.

John Sutter en su uniforme del ejército suizo antes de emigrar a los Estados Unidos.

En 1828, Sutter ingresó de voluntario en el ejército suizo. En 1834, Sutter tenía tantas deudas que temía ser arrestado. Para escapar de la policía, dejó a Anna y a los niños y zarpó hacia los Estados Unidos. Esperaba hacerse rico en el Nuevo Mundo.

Una ilustración de periódico describe un barco de inmigrantes cruzando el Atlántico.
Los inmigrantes viajan en la cubierta delantera.

Soldados del ejército suizo a principios del siglo XIX. Sutter ingresó al ejército suizo para escapar de sus acreedores. Muy pronto la idea de emigrar le pareció más atractiva.

2 AMÉRICA

El barco donde viajaba Sutter llegó a Nueva York en julio de 1834. Sutter decidió viajar hacia el oeste haciéndose pasar por oficial del ejército suizo. "Llámenme capitán Sutter", dijo, aunque en realidad no era capitán. Su primera parada fue en Missouri. Casi no tenía dinero, así que vendió algunas de sus posesiones. Utilizó el dinero para comprar mercancías para, más tarde, comerciar con ellas.

EN BUSCA DE TIERRA Y LIBERTAD

La mayoría de los inmigrantes no venían a los Estados Unidos a vivir en las ciudades, sino a viajar hacia el oeste, obtener sus propias tierras y cultivarlas para ganarse la vida. Al asentarse, Sutter recibió un enorme pedazo de tierra (50,000 acres) del gobierno mexicano.

Barcos en la bahía de Nueva York vistos desde Brooklyn Heights. La jornada de los emigrantes era muy larga y peligrosa.

11

El "capitán Sutter" tenía talento para el comercio. Viajó de Missouri al pueblo mexicano de Santa Fe. Allí cambió sus mercancías por otras de más valor, como mulas. En Missouri estos animales costaban mucho dinero.

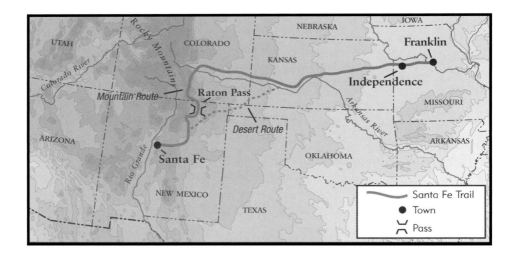

Éste es un mapa de la Ruta de Santa Fe, una importante ruta hacia el oeste para colonos, inmigrantes y comerciantes.

Los comerciantes de Missouri viajaban por la Ruta de Santa Fe en vagones Conestoga. John Sutter fue uno de estos comerciantes durante varios años.

La riqueza de Sutter creció. Pero algunas personas lo acusaron de engañar y robar. Sutter prometió que pagaría todas sus deudas, pero nunca lo hizo. Un día de 1838 decidió abandonar la ciudad. Hizo sus maletas y se dirigió a California. En aquel entonces, California pertenecía a México. Sutter quería fundar una colonia y hacerse rico.

¿SABÍAS QUE...?

En el siglo XIX, se les exigía a los colonos vivir en México durante un año para poder convertirse en ciudadanos mexicanos. El 29 de agosto de 1840, casi un año después de su llegada a California, Sutter recibió sus papeles y se convirtió en ciudadano mexicano.

Un mapa de la costa oeste de los Estados Unidos. El inserto muestra el río Sacramento donde Sutter construyó su granja.

3 UN SUEÑO
SE HACE REALIDAD

En 1839, el viaje de Sutter hacia el oeste lo
condujo a Monterey. Monterey era la capital
de California. El gobernador de Monterey
le dio permiso para construir una colonia.
Le mostró un mapa a Sutter y, en él, le señaló
una franja a lo largo del río Sacramento.
En ese territorio vivían nativos americanos,
pero si Sutter conseguía instalarse allí,
los 50,000 acres de tierra serían suyos.

LA RUTA DEL OESTE

Cuando Sutter viajaba al oeste por la Ruta de Santa Fe
en los años 1830, muchas tribus de nativos americanos
eran hostiles a los colonos, por lo que el viaje era muy
peligroso. La lucha entre los nativos americanos y
los colonos continuó hasta después de la Guerra Civil.

Éste es el Fuerte Sutter en Nueva Helvetia.
El gobierno mexicano le dio a Sutter 50,000 acres
de tierra para fundar una colonia.

Sutter bautizó el área como Nueva Helvetia. Utilizó nativos americanos y otros trabajadores para construir el Fuerte Sutter. Pronto su colonia tuvo granjas y miles de cabezas de ganado vacuno, caballos y ovejas.

Sutter convocó a más colonos a que se le unieran. Les prometió que tendrían trabajo y tierra gratis.

EN HONOR A SUS RAÍCES

Nueva Helvetia fue bautizada en honor a las raíces europeas de Sutter. El nombre significa "Nueva Suiza".

Ésta es otra vista del Fuerte Sutter, Nueva Helvetia, en una litografía de William E. Endicott, 1849.

En 1846, estalló la guerra entre Estados
Unidos y México. Cuando terminó la guerra,
Estados Unidos tomó el control de California.
Resultaba más fácil a los estadounidenses
mudarse al oeste. Sutter invitó a los colonos
a Nueva Helvetia. Pero entonces sucedió algo
que iba a cambiar su vida para siempre.

El general mexicano Antonio López
de Santa Anna al frente de las
fuerzas mexicanas contra la invasión
estadounidense a su país, en 1846.

Las tropas estadounidenses atacan Monterey en 1846,
durante la guerra entre México y Estados Unidos.
Los estadounidenses ganaron la guerra y se anexaron
Nuevo México y California.

21

4 ¡ORO!

Un día, un carpintero que trabajaba para Sutter miró al suelo y vió algo que parecía oro. Sutter le pidió que mantuviera en secreto el descubrimiento. Pero el secreto se divulgó. Pronto, la noticia de que había oro llegó a San Francisco. Había comenzado la Fiebre del Oro. Gente de todas partes empezó a llegar a California.

EL JARDÍN DE LA ABUNDANCIA

La tierra que Sutter abandonó en California se convertiría en una de las mayores productoras de frutas y vegetales del país. Si se hubiera quedado, se hubiera hecho rico.

Éstos hombres lavan oro en California. Las partículas pesadas de oro quedaban en el fondo de la batea, mientras el polvo y las otras materias eran eliminadas.

Miles de personas llegaron a Nueva Helvetia buscando oro. La colonia casi se destruyó en este frenesí. Todos los trabajadores de Sutter se marcharon para ir a buscar oro. En 1849, Sutter abandonó el fuerte y se mudó a una granja.

Ésta es la portada de un manual de 1849 sobre minería en oro.
El oro impulsó a mucha gente a viajar al oeste y a asentarse en California.

Esta es la granja a la que se mudó Sutter después
de Nueva Helvetia. Sutter no ganó dinero con
la Fiebre del Oro.

Finalmente, en 1850, la familia de Sutter llegó a Estados Unidos. Su familia pensaba que él vivía en el lujo. En cambio, lo encontraron en la quiebra. El capitán Sutter había perdido toda su riqueza.

UNA NUEVA GENERACIÓN

John y Anna Sutter tuvieron cuatro hijos. Se llamaban Johann Augustus Jr., Anna Eliza, Emil Viktor y Wilhem Alphonse.

Fotografía de John Sutter al final de su vida, después de la bancarrota y el retiro. Sutter tuvo una vida difícil. Se asentó en el sitio equivocado, en el momento equivocado.

Sutter pasó el resto de su vida tratando de pagar sus deudas. En 1865, la casa de los Sutter se quemó. John y Anna decidieron abandonar California. Se mudaron a Washington, D.C., y de ahí a Lititz, Pensilvania. El 18 de junio de 1880, John murió. Anna murió seis meses más tarde. Hoy pueden visitarse sus tumbas en un pequeño cementerio de Lititz.

CENL. JOHN A. SUTTER.
BORN FEB. 28TH 1803.
AT KANDERN BADEN.
DIED JUNE 18TH 1880.
AT WASHINGTON, D.C.
REQUIESCAT IN PACEM

ANNA SUTTER NEE DÜBELD.
BORN SEPT. 15TH 1805.
SWITZERLAND.
DIED JAN. 19TH 1881.
AT LITITZ.

La tumba de Sutter y su esposa en Lititz, Pensilvania. Cuando su esposa e hijos llegaron a Estados Unidos, encontraron a Sutter en la quiebra.

Una moderna reconstrucción del Fuerte Sutter, cerca de Sacramento. La Fiebre del Oro hizo de California uno de los estados más populares de la nación.

CRONOLOGÍA

1803–Nace John Sutter.

1818–Sutter comienza la escuela en Suiza.

1826–Sutter se casa con Anna Dübeld.

1828–Sutter se alista en el ejército suizo.

1834–Sutter llega a Estados Unidos y viaja hacia el oeste.

1839–Sutter llega a Monterey, California, y funda su colonia.

1846–Comienza la guerra entre México y Estados Unidos.

1849–Sutter abandona Nueva Helvetia.

1865–Los Sutter se mudan a Washington, D.C.

1880–Sutter muere a la edad de 76 años.

GLOSARIO

colonia (la) Un grupo de gente que va a poblar un nuevo lugar.
Europa Uno de los siete continentes.
financiero Que tiene que ver con el dinero.
frenesí (el) Actividad desenfrenada.
oficial (el, la) Persona encargada de tropas de un rango inferior.
voluntario (-ria) Persona que trabaja gratuitamente. Aquel que se
    alista libremente en el ejército.

SITIOS WEB

Debido a las constantes modificaciones en los sitios de Internet, Rosen Publishing
Group, Inc., ha desarrollado un listado de sitios Web relacionados con el tema
de este libro. Este sitio se actualiza con regularidad. Por favor, usa este enlace
para acceder a la lista:

http://www.rosenlinks.com/fpah/jsut

LISTA DE FUENTES PRIMARIAS DE IMÁGENES

Página 4: Un mapa de Alemania proveniente de la Biblioteca Pública de Nueva York.
Página 5: Una vista del siglo XIX de la ciudad suiza de Basel.
Página 6: La imprenta Columbia Printing Press (alrededor de 1817), de George Clymer.
Página 7: El impresor de Ferdinand de Braekeleer, 1875, del Koninklijk Museum voor
    Schone, Bélgica.
Página 8: Un barco de inmigrantes, del *London Illustrated News*, 1850.
Página 9: *Soldados de infantería suizos*, por Gianni Dagli Orti, 1840.
Página 11: Barcos en la bahía de Nueva York.
Página 13: *Por la Ruta de Santa Fe*, un grabado de un libro que se encuentra
    actualmente en la Biblioteca Pública de Nueva York.
Página 15: Un mapa de la costa oeste de Estados Unidos.
Página 17: Una fotografía del Fuerte Sutter, Nueva Helvetia, que se encuentra
    actualmente en la Biblioteca del Congreso.
Página 19: Una litografía de William E. Endicott, 1849, que se encuentra actualmente
    en la Biblioteca del Congreso.
Página 20: Retrato de Antonio López de Santa Anna, 1858.
Página 21: Tropas americanas atacando las alturas de Monterey.
Página 23: Lavado de oro en California.
Página 24: "Una relación de California y de las maravillosas regiones del oro", J.B. Hall, 1849.
Página 25: La granja de Sutter.
Página 27: John Augustus Sutter (1803–1880).

ÍNDICE

B
Baden, Alemania, 4
Basel, Suiza, 4

C
California, 14, 16, 20, 22, 28

E
Estados Unidos, 8, 20, 26

L
Lititz, Pensilvania, 28

M
México, 12, 14, 20
Missouri, 10, 12
Monterey, California, 16
mulas, 12

N
nativos americanos, 16, 18
Nueva Helvetia, 18, 20, 24
Nueva York, 10

O
oro, 22, 24
oro, fiebre del, 22

S
Sacramento, río, 16
Santa Fe, 12
suizo, ejército, 8, 10
Sutter, Anna (Dübeld), 4, 6, 8, 26, 28
Sutter, Fuerte, 18

W
Washington, D.C., 28

ACERCA DEL AUTOR

Chris Hayhurst es escritor independiente. Vive en Colorado.